LA L[illegible] DE COMPRAS

por Becky Cheston
ilustrado por Peggy Collins

Scott Foresman
is an imprint of

PEARSON

Glenview, Illinois • Boston, Massachusetts • Chandler, Arizona
Upper Saddle River, New Jersey

Every effort has been made to secure permission and provide appropriate credit for photographic material. The publisher deeply regrets any omission and pledges to correct errors called to its attention in subsequent editions.

Unless otherwise acknowledged, all photographs are the property of Pearson.

Photo locations denoted as follows: Top (T), Center (C), Bottom (B), Left (L), Right (R), Background (Bkgd)

Illustrations by Peggy Collins

ISBN 13: 978-0-328-53515-6
ISBN 10: 0-328-53515-X

2 3 4 5 6 7 8 9 10 V0N4 13 12 11 10

La hermanita de Casey, Rosa, había estado en casa por sólo una semana. Pero el entusiasmo de Casey por tener una nueva hermanita se estaba agotando. Parecía que Rosa nunca quería dormir, especialmente por la noche. Y cuando Rosa no quería dormir, eso significaba que nadie más podía dormir.

Los sábados la familia solía dormir hasta tarde. Comían panqueques, descansaban y hacían sus actividades preferidas. “Rosa ha hecho que cambie todo”, pensó Casey.

El padre estaba desplomado en una silla y parecía que le hubiera caído un rayo. Tenía los pelos de punta. La mamá llevaba un camisón gris que solía ser rosado. Apenas podía mantener los ojos abiertos. Estaba cansada de hacer las tareas domésticas y lavar la ropa. Y Casey estaba enroscada sobre la alfombra, soñando despierta acerca de cómo era la vida antes de que llegara Rosa.

—Necesito jugo —dijo la madre, suspirando.

—Yo te lo alcanzo —dijo el papá.

—No te preocupes —dijo Casey—. No nos queda.

—¿Té helado? —preguntó.

El pobre parecía muy optimista.

—No —dijo Casey, dándole la mala noticia—. ¿Quieres agua?

Casey se levantó y fue hacia la cocina. Abrió la puerta del refrigerador. Además de la jarra de agua, había dos envases de yogur, tres huevos y una lechuga vieja que parecía marchita y estropeada.

—Debemos ir de compras —anunció Casey.

—Sin duda —dijo la madre—. Iré a vestirme.

—Tú siempre haces las compras. Iremos Casey y yo —se ofreció el papá.

—¡Gracias! —dijo—. Haré una lista.

Una fría brisa otoñal enrojeció sus mejillas mientras Casey y su padre caminaban las tres cuadras hasta el supermercado. Dentro de la tienda, miles de productos en distintos departamentos llenaban los estantes. El papá arrastró un carrito hacia la interminable fila del mostrador de las carnes frías.

—Es una larga lista —dijo mientras analizaba la lista de compras en su mano—. Después regresamos a comprar las carnes frías. Quizá la fila sea más corta.

Casey, que generalmente hacía las compras con mamá, sabía dónde estaban las cosas en el supermercado. Primero eligieron una variedad de quesos en la sección de lácteos. Luego, Casey dirigió la marcha por entre los pasillos.

En el pasillo de los pañales, papá agarró la primera caja de pañales que vio y la puso en el carrito.

—Papá, no creo que sean del tamaño correcto. Fíjate en el bebé que está en la parte de delante —dijo Casey.

El padre se fijó.

—Hmm. Parece bastante grande.

—¡Y camina! —dijo Casey.

Mientras intercambiaban los pañales grandes por otro paquete, papá vio que éste decía "Recién nacido".

Después de esperar que los atendieran en el mostrador de las carnes frías, esperaron en otra fila en la caja. El cajero pasó los productos por el escáner. Finalmente, pagaron y salieron llevando sus bolsas. El padre miró la lista.

—Una parada más —dijo, y llevó a Casey al otro lado de la calle hasta la tienda de mascotas.

—¿Qué hacemos aquí? —preguntó Casey.

—Necesitamos una cosa más de la lista —dijo.

Mientras el padre hablaba con el vendedor de la tienda, Casey fue corriendo a ver los cachorros. Su corazón se enterneció. "Oh, si pudiera...", se dijo, pero sabía que ahora no era un buen momento para pedir un cachorro.

Cuando regresaron a casa, Rosa dormía profundamente. Casey se inclinó junto a la cuna y le besó su mejilla rosada. Los bebés eran estupendos cuando estaban durmiendo.

En la cocina, mamá desenvolvió las compras.

—Gracias por traerlo todo —dijo mientras echaba otro vistazo a las bolsas vacías—. Pero, ¿dónde están las galletas saladas?

—¿Galletas saladas? —preguntó el padre.

—Sí, ésas pequeñas con sabor a queso que tienen forma de pececitos.

Una sonrisa tonta apareció en la cara del papá.

—Oh —exclamó mientras sostenía una bolsa transparente de plástico, llena hasta la mitad con agua. En ella nadaba un pececito de color anaranjado brillante.

—¿Qué haremos con él? —preguntó mamá después de que todos habían dejado de reír.

—Yo lo cuidaré —dijo Casey.

No era un cachorro, pero igual era una mascota.

—Y ya tengo un nombre para él.

—¿Cuál es? —preguntaron a un tiempo sus padres.

Casey sonrió.

—Cachorro.

Todo sobre códigos de barras

¿Te has preguntado alguna vez qué significan los dibujos de pequeñas barras negras y espacios en los productos de supermercado? Se llaman código de barras del UPC. ¡También hay uno en la contraportada de este libro! Las letras UPC son las iniciales de Código Universal de Productos (por sus siglas en inglés).

Este código usa barras y espacios de diferente grosor para comunicar información. Cuando en la caja pasan el código de barras por el escáner, un sensor óptico descifra detalles importantes. Luego, el escáner envía esa información a una computadora conectada a la registradora. La computadora indica a la registradora cuánto cobrar por el producto.

Ya sabes que los códigos de barras pueden encontrarse en productos de supermercado y en libros. ¿Dónde más podrías encontrar códigos de barras?

Los números bajo las barras representan detalles del producto. Ésos son los mismos detalles que están codificados en las barras. Si, por algún motivo, un producto no puede ser leído por un escáner, en la caja digitarán esos números.

780863 185779